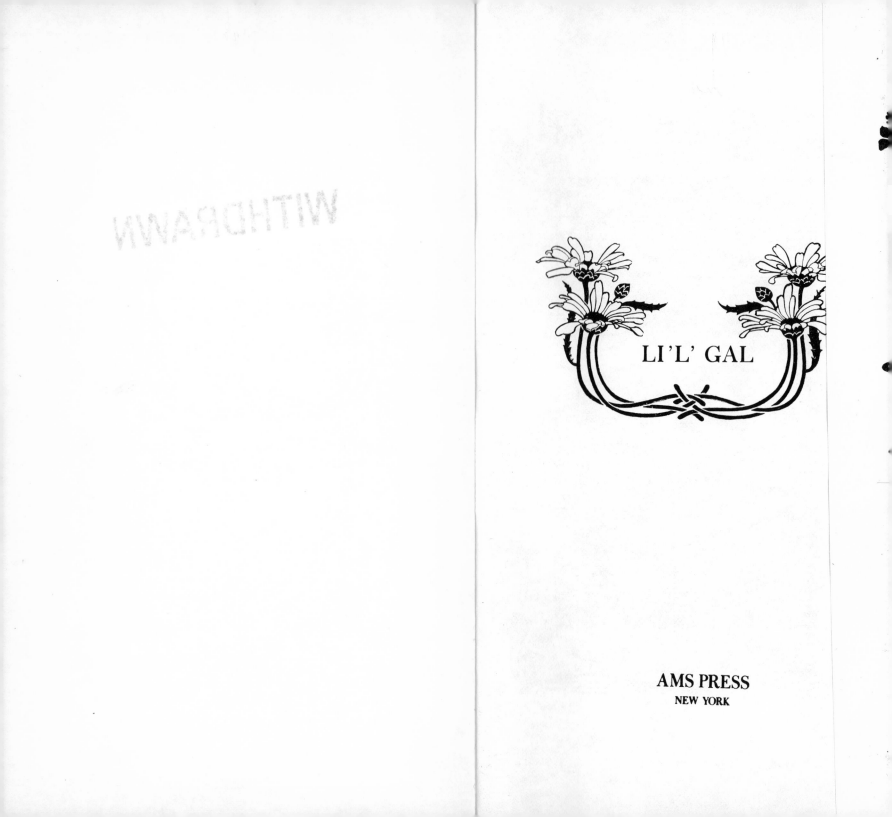

LI'L' GAL

AMS PRESS
NEW YORK

LI 'L' GAL

BY

PAUL LAURENCE
DUNBAR

Illustrated with photographs
BY
LEIGH RICHMOND MINER
*Of the Hampton Institute
Camera Club*

Decorations by
MARGARET ARMSTRONG

DODD, MEAD AND CO.
NEW YORK · MCMIV

Library of Congress Cataloging in Publication Data

Dunbar, Paul Laurence, 1872-1906.
  Li'l' gal.

  Poems.
  I. Title.
PS1556.L5 1972   811'.4   73-164800
ISBN 0-404-00034-7   New York, 1904

Reprinted from the edition of 1904, New York
First AMS edition published in 1972
Manufactured in the United States of America

International Standard Book Number: 0-404-00034-7

AMS PRESS INC,
NEW YORK, N.Y. 10003

CONTENTS

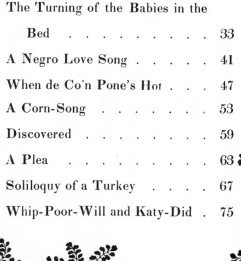

LI'L' GAL

OH, de weathah it is balmy an' de breeze
   is sighin' low.
            Li'l' gal,
An' de mockin' bird is singin' in de locus'
   by de do',
               Li'l' gal;
Dere 's a hummin' an' a bummin' in de
   lan' f'om eas' to wes',
I 's a-sighin' fu' you, honey, an' I nevah
   know no res'.
Fu' dey 's lots o' trouble brewin' an'
   a-stewin' in my breas',
            Li'l' gal.

Whut 's de mattah wid de weathah,
   whut 's de mattah wid de breeze,
            Li'l' gal?
Whut 's de mattah wid de locus' dat 's
   a-singin' in de trees,
            Li'l' gal?
W'y dey knows dey ladies love 'em, an'
   dey knows dey love 'em true,
An' dey love 'em back, I reckon, des' lak
   I 's a-lovin' you;
Dat 's de reason dey 's a-weavin' an' a-
   sighin', thoo an' thoo,
            Li'l' gal.

8

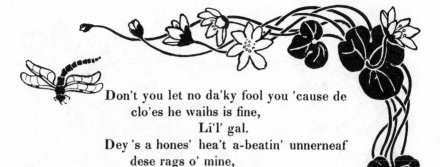

Don't you let no da'ky fool you 'cause de
　　clo'es he waihs is fine,
　　　　　Li'l' gal.
Dey's a hones' hea't a-beatin' unnerneaf
　　dese rags o' mine,
　　　　　Li'l' gal.
C'ose dey ain' no use in mockin' whut de
　　birds an' weathah do,
But I's so'y I cain't 'spress it w'en I
　　knows I loves you true,
Dat's de reason I's a-sighin' an' a-singin'
　　now fu' you,
　　　　　Li'l' gal.

THE
PLANTATION CHILD'S
LULLABY

WINTAH time hit comin'
    Stealin' thoo de night;
Wake up in de mo'nin'
Evah ting is white;
Cabin lookin' lonesome
Stannin' in de snow,
Meks you kin' o' nervous,
W'en de win' hit blow.

14

Trompin' back from feedin'
Col' as' wet an' blue,
Homespun jacket ragged,
Win' a-blowin' thoo.
Cabin lookin' cheerful,
Unnerneaf de do',
Yet you kin' o' keerful
W'en de win' hit blow.

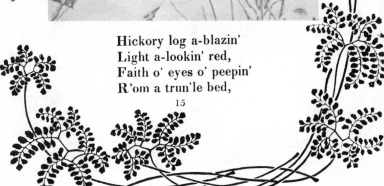

Hickory log a-blazin'
Light a-lookin' red,
Faith o' eyes o' peepin'
R'om a trun'le bed,

15

Little feet a-patterin'
Cleak across de flo';
Bettah had be keerful
W'en de win' hit blow

Suppah done an' ovah,
Evah t'ing is still;
Listen to de snowman
Slippin' down de hill.
Ashes on de fiah,
Keep it wa'm but low.
What's de use o' keerin'
Ef de win' do blow?

Smoke house full o' bacon,
Brown an' sweet an' good;
Taters in de cellah,
'Possum roam de wood;
Little baby snoozin'
Des ez ef he know.
What's de use o' keerin'
Ef de win' do blow?

16

BLUE

S TANNIN' at de winder,
  Feelin' kind o' glum,

Listened to de raindrops
Play de kettledrum.

Lookin' crost de medders,
Swimmin' lak a sea;
Lawd 'a' mussy on us
What's de good o' me?

Cain't go out a-hoein',
Would n't ef I could;
Groun' too wet fu' huntin',
Fishin' ain' no good.
Too much noise fu' sleepin',
No one hyeah to chat;
Des mus' stan' an' listen
To dat pit-a-pat.

Hills is gittin' misty,
Valley's gittin' dahk;
Watch-dog's 'mence a-howlin',
Rathah have 'em ba'k,
Dan a-moanin' solemn,
Somewhaih out o' sight;
Rain-crow des a-chucklin',
Dis is his delight.

Mandy, bring my banjo,
Bring de chillen in,
Come in f'om de kitchen,
I feel sick ez sin,
Call in Uncle Isaac,
Call Aunt Hannah, too,
Tain't no use in talkin',
Chile, I's sholy blue!

CHARITY

NOW you, John Henry, 'tain't no use
  To stan' up daih an' mak no 'scuse.
You need n't tink you foolin' me,
I sutny has got eyes to see!
Oh I 's yo' sistah, yes, dat 's true;
But den what good 's dat gwine to do?
Dey ain't no use in tellin' lies,
You look right sheepish f'om yo' eyes!

Let 's see yo' han's, uh huh, I knowed
You washed 'em, but de traces showed.
Let 's see yo' mouf; hit looks lak ink —
Yo' sistah cain't tell 'serves, you tink.
Oh my, but yo 's a naughty chile,
I has to look at you one while;
You need n't twis' in all dem curves,
To tink you 'd stole yo' ma's pusserves.

Ef I tol' ma I guess you 'd git
The fines' whuppin' evah yit;
But guess I 'll keep it to myse'f
Erbout dat jah erpon de she'f;
Case ma 's des awful w'en she stahts,
An' my, oh, how a whuppin' smahts!
So you clomb up? Oh, she 'd be madder!
Say, tell me whaih you put de ladder.

CURIOSITY

MAMMY'S in de kitchen, an' de do'
   is shet;
All de piccaninnies climb an' tug an'
   sweat
Gittin' to de winder, stickin' dah lak flies,
Evah one ermong us des all nose an' eyes.
"Whut she cookin', Isaac? Whut she
   cookin', Jake?
Is it sweet pertaters? Is hit pie er cake?"
But we could n' mek out even whah we
   stood
Whut was mammy cookin' dat could smell
   so good.

Mammy spread de winder, an' she frown
   an' frown.
How de piccaninnies come a-tumblin'
   down!
Den she say : "Ef you all keep a-peepin'
   in,
How I's gwine to whup you, my! 't 'll
   be a sin!
Need n' come a-sniffin' an' a-nosin' hyeah,
'Ca'se I knows my business, don't you
   nevah feah."
Won't somebody tell us — how I wish
   dey would! —
Whut is mammy cookin' dat it smells so
   good?

We know she means business, an' we
   dassent stay,
Dough it 's mighty tryin' fu' to go erway ;
But we goes a troopin' down de ol' wood-
   track
'Twell dat steamin' kitchen brings us
   stealin' back,
Climbin' an' a-peepin' so 's to see inside.
Whut on earf kin mammy be so sha'p to
   hide?
I 'd des up an' tell folks w'en I knowed I
   could,
Ef I was a-cookin' t'ings dat smelt so
   good.

Mammy in de oven, an' I see huh smile;
Moufs mus' be a-wat'rin' roun' hyeah fu'
   a mile;
Den we almo' hollah ez we hu'ies down,
'Ca'se hit apple dumplin's big an' fat an'
   brown!
W'en de do' is opened, solemn lak an'
   slow,
Wisht you see us settin' all dah in a row.
Innercent an' p'opah, des lak chillun should
W'en dey mammy's cookin' t'ings dat
   smell so good.

THE
TURNING OF THE
BABIES IN THE BED

WOMAN'S sho' a cur'ous critter,
　　an' dey ain't no doubtin' dat.
She's a mess o' funny capahs f'om huh
　　slippahs to huh hat.
Ef you tries to un'erstan' huh, an' you
　　fails, des up an' say:
" D' ain't a bit o' use to try to un'erstan'
　　a woman's way."

I don' mean to be complainin', but I 's jes'
　　a-settin' down
Some o' my own obserwations, w'en I
　　cas' my eye eroun'.
Ef you ax me fu' to prove it, I ken do it
　　mighty fine,
Fu' dey ain't no bettah 'zample den dis
　　ve'y wife o' mine.

34

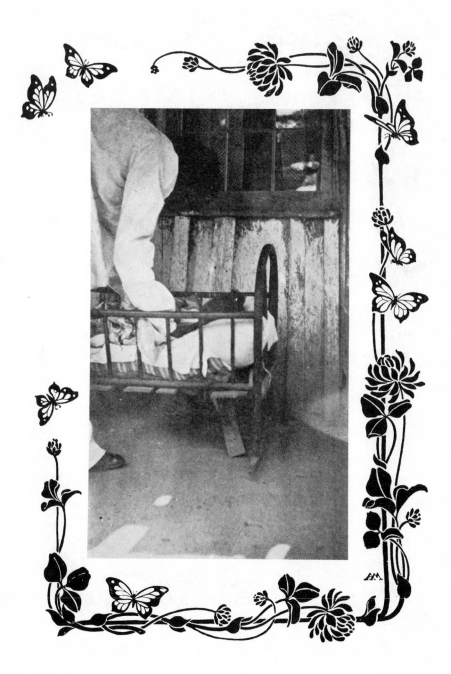

In de ve'y hea't o' midnight, w'en I's

    sleepin' good an' soun',

I kin hyeah a so't o' rustlin' an' some-

    body movin' 'roun'.

An' I say, "Lize, whut you doin'?" But

    she frown an' shek huh haid,

"Heish yo' mouf, I's only tu'nin' of de

    chillun in de bed.

"Don' you know a chile gits restless,

    layin' all de night one way?

An' you' got to kind o' 'range him sev'al

    times befo' de day?

So de little necks won't worry, an' de

    little backs won't break;

Don' you t'ink case chillun's chillun dey

    hain't got no pain an' ache."

36

So she shakes 'em, an' she twists 'em,
    an' she tu'ns 'em 'roun' erbout,
'Twell I don' see how de chillun evah
    keeps f'om hollahin' out.
Den she lif's 'em up head down'ards, so's
    dey won't git livah-grown,
But dey snoozes des ez peaceful ez a
    liza'd on a stone.

W'en hit's mos' nigh time fu' wakin' on
    de dawn o' jedgment day,
Seems lak I kin hyeah ol' Gab'iel lay his
    trumpet down an' say,
"Who dat walkin' 'roun' so easy, down
    on earf ermong de dead?" —
'T will be Lizy up a-tu'nin' of de chillun
    in de bed.

A NEGRO LOVE SONG

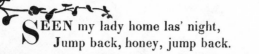

S EEN my lady home las' night,
      Jump back, honey, jump back.

42

Hel' huh han' an' sque'z it tight,
Jump back, honey, jump back.

43

Hyeahd huh sigh a little sigh,
Seen a light gleam f'om huh eye,
An' a smile go flittin' by —
   Jump back, honey, jump back.

Hyeahd de win' blow thoo de pine,
   Jump back, honey, jump back.
Mockin'-bird was singin' fine,
   Jump back, honey, jump back.
An' my hea't was beatin' so,
When I reached my lady's do',
Dat I could n't ba' to go —
   Jump back, honey, jump back.

Put my ahm aroun' huh wais',
   Jump back, honey, jump back.
Raised huh lips an' took a tase,
   Jump back, honey, jump back.
Love me, honey, love me true?
Love me well ez I love you?
An' she answe'd, " 'Cose I do " —
   Jump back, honey, jump back.

WHEN

DE CO'N PONE 'S HOT

DEY is times in life when Nature
　　Seems to slip a cog an' go,
Jes' a-rattlin' down creation,
　　Lak an ocean's overflow ;
When de worl' jes' stahts a-spinnin'
　　Lak a picaninny's top,
An' yo' cup o' joy is brimmin'
　　'Twell it seems about to slop,
An' you feel jes' lak a racah,
　　Dat is trainin' fu' to trot —
When yo' mammy says de blessin'
　　An' de co'n pone 's hot.

When you set down at de table,
　　Kin' o' weary lak an' sad,
An' you 'se jes' a little tiahed
　　An' purhaps a little mad ;
How yo' gloom tu'ns into gladness,
　　How yo' joy drives out de doubt
When de oven do' is opened,
　　An' de smell comes po'in' out ;
Why, de 'lectric light o' Heaven
　　Seems to settle on de spot,
When yo' mammy says de blessin'
　　An' de co'n pone 's hot.

48

When de cabbage pot is steamin'
    An' de bacon good an' fat,
When de chittlins is a-sputter'n'
    So 's to show you whah dey 's at ;
Tek away yo' sody biscuit,
    Tek away yo' cake an' pie,
Fu' de glory time is comin',
    An' it 's 'proachin' mighty nigh,
An' you want to jump an' hollah,
    Dough you know you 'd bettah not,
When yo' mammy says de blessin'
    An' de co'n pone 's hot.

I have hyeahd o' lots o' sermons,
    An' I 've hyeahd o' lots o' prayers,
An' I 've listened to some singin'
    Dat has tuck me up de stairs
Of de Glory-Lan' an' set me
    Jes' below de Mahstah's th'one,
An' have lef' my hea't a-singin'
    In a happy aftah tone ;
But dem wu'ds so sweetly murmured
    Seem to tech de softes' spot,
When my mammy says de blessin'
    An' de co'n pone 's hot.

50

A CORN–SONG

O N the wide veranda white,
    In the purple failing light,
Sits the master while the sun is lowly
    burning ;
And his dreamy thoughts are drowned
In the softly flowing sound
Of the corn-songs of the field-hands slow
    returning.

Oh, we hoe de co'n
Since de ehly mo'n ;
Now de sinkin' sun
Says de day is done.

O'er the fields with heavy tread,
Light of heart and high of head,
Though the halting steps be labored, slow,
    and weary ;
Still the spirits brave and strong
Find a comforter in song,
And their corn-song rises ever loud and
    cheery.

Oh, we hoe de co'n
Since de ehly mo'n ;
Now de sinkin' sun
Says de day is done.

To the master in his seat,
Comes the burden, full and sweet,
Of the mellow minor music growing
    clearer,
As the toilers raise the hymn,
Thro' the silence dusk and dim,
To the cabin's restful shelter drawing
    nearer.

      Oh, we hoe de co'n
      Since de ehly mo'n;
      Now de sinkin' sun
      Says de day is done.

And a tear is in the eye
Of the master sitting by,
As he listens to the echoes low-replying
To the music's fading calls
As it faints away and falls
Into silence, deep within the cabin dying.

    Oh, we hoe de co'n
    Since de ehly mo'n ;
    Now de sinkin' sun
    Says de day is done.

DISCOVERED

SEEN you down at chu'ch las' night,
    Nevah min', Miss Lucy.
What I mean? oh, dat's all right,
    Nevah min', Miss Lucy.
You was sma't ez sma't could be,
But you could n't hide f'om me.
Ain't I got two eyes to see!
    Nevah min', Miss Lucy.

Guess you thought you's awful keen;
    Nevah min', Miss Lucy.
Evahthing you done, I seen;
    Nevah min', Miss Lucy.

60

Seen him tek yo' ahm jes' so,
When he got outside de do' —
Oh, I know dat man 's yo' beau !
Nevah min', Miss Lucy.

Say now, honey, wha 'd he say ? —
    Nevah min', Miss Lucy !
Keep yo' secrets — dat 's yo' way —
    Nevah min', Miss Lucy.
Won't tell me an' I 'm yo' pal —
I 'm gwine tell his othah gal, —
Know huh, too, huh name is Sal ;
    Nevah min', Miss Lucy !

A PLEA

TREAT me nice, Miss Mandy Jane,
    Treat me nice.
Dough my love has tu'ned my brain,
    Treat me nice.

I ain't done a t'ing to shame,
Lovahs all ac's jes' de same:
Don't you know we ain't to blame?
    Treat me nice!

Cose I know I's talkin' wild;
    Treat me nice;
I cain't talk no bettah, child,
    Treat me nice;
Whut a pusson gwine to do,
W'en he come a-cou'tin' you
All a-trimblin' thoo and thoo?
    Please be nice.

Reckon I mus' go de paf
    Othahs do:
Lovahs lingah, ladies laff;
    Mebbe you
Do' mean all the things you say,
An' pu'haps some latah day
W'en I baig you ha'd, you may
    Treat me nice!

SOLILOQUY OF
A TURKEY

D EY'S a so't o' threatenin' feelin' in
de blowin' of de breeze,
   An' I 's feelin' kin' o' squeamish in de
   night ;
I 's a-walkin' 'roun' a-lookin' at de diffunt
style o' trees,
   An' a-measurin' dey thickness an' dey
   height.
Fu' dey 's somep'n mighty 'spicious in de
looks de da'kies give,
   Ez dey pass me an' my fambly on de
   groun',

68

So it 'curs to me dat lakly, ef I caihs to
    try an' live,
   It concehns me fu' to 'mence to look
    erroun'.

Dey's a cu'ious kin' o' shivah runnin' up
    an' down my back,
   An' I feel my feddahs rufflin' all de
    day,
An' my laigs commence to trimble evah
    blessid step I mek ;
   W'en I sees a ax, I tu'ns my head
    away.

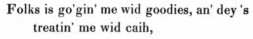

Folks is go'gin' me wid goodies, an' dey 's
　　treatin' me wid caih,
　　An' I 's fat in spite of all dat I kin do.
I 's mistrus'ful of de kin'ness dat 's erroun'
　　me evahwhaih,
　　Fu' it 's jes' too good, an' frequent, to
　　be true.

Snow 's a-fallin' on de medders, all erroun'
　　me now is white,
　　But I 's still kep' on a-roostin' on de
　　fence ;
Isham comes an' feels my breas'bone, an'
　　he hefted me las' night,
　　An' he 's gone erroun' a-grinnin' evah
　　sence.
'T ain't de snow dat meks me shivah ;
　　't ain't de col' dat meks me shake ;
　　'T ain't de wintah-time itse'f dat 's
　　'fectin' me ;
But I t'ink de time is comin', an' I 'd
　　bettah mek a break,
　　Fu' to set wid Mistah Possum in his
　　tree.

W'en you hyeah de da'kies singin', an' de
    quahtahs all is gay,
  'T ain't de time fu' birds lak me to be
    erroun';
W'en de hick'ry chips is flyin', an' de
    log 's been ca'ied erway,
  Den hit 's dang'ous to be roostin' nigh
    de groun'.
Grin on, Isham! Sing on, da'kies! But
    I flop my wings an' go
  Fu' de sheltah of de ve'y highest tree,
Fu' dey 's too much close ertention — an'
    dey 's too much fallin' snow —
  An' it 's too nigh Chris'mus mo'nin' now
    fu' me.

WHIP–POOR–WILL
AND KATY–DID

SLOW de night's a-fallin',
　　An' I hyeah de callin'
　Out erpon de lonesome hill;
Soun' is moughty dreary,
Solemn-lak an' skeery,
　　Sayin' fu' to " whip po' Will."
Now hit's moughty tryin',
Fu' to hyeah dis cryin',
　　'Deed hit's mo' den I kin stan';
Sho' wid all our slippin',
Dey's enough of whippin'
　　'Dout a bird a'visin' any man.

In de noons o' summah
Dey's anothah hummah
　　Sings anothah song instid;
An' his th'oat's a-swellin'
Wid de joy o' tellin',
　　But he says dat " Katy did."

76

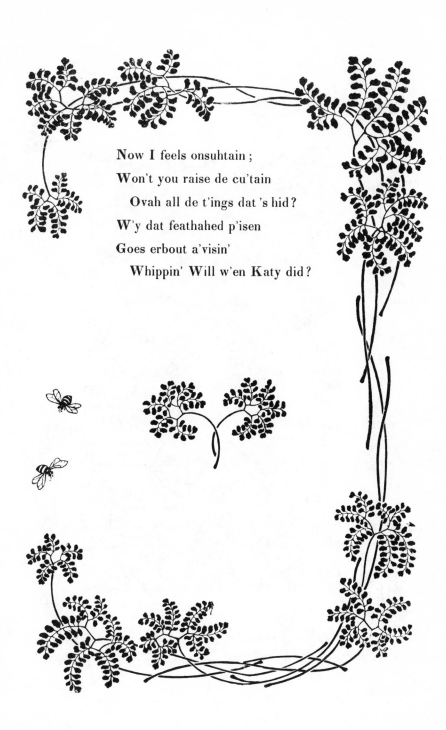

Now I feels onsuhtain;
Won't you raise de cu'tain
   Ovah all de t'ings dat 's hid?
W'y dat feathahed p'isen
Goes erbout a'visin'
   Whippin' Will w'en Katy did?

A FLORIDA NIGHT

WIN' a-blowin' gentle so de san' lay
    low,
  San' a little heavy f'om de rain,
All de pa'ms a-wavin' an' a-weavin' slow,
  Sighin' lak a sinnah-soul in pain.
Alligator grinnin' by de ol' lagoon,
Mockin'-bird a-singin' to de big full moon,
'Skeeter go a-skimmin' to his fightin' chune
  (Lizy Ann 's a-waitin' in de lane !).

Moccasin a-sleepin' in de cyprus swamp ;
  Need n't wake de gent'man, not fu' me.
Mule, you need n't wake him w'en you
    switch an' stomp,
  Fightin' off a 'skeeter er a flea.
Florida is lovely, she 's de fines' lan'
Evah seed de sunlight f'om de Mastah's
    han',
'Ceptin' fu' de varmints an' huh fleas an'
    san'
  An' de nights w'en Lizy Ann ain' free.

Moon 's a-kinder shaddered on de melon
    patch ;
  No one ain't a-watchin' ez I go.
Climbin' of de fence so 's not to click de
    latch
  Meks my gittin' in a little slow.
80

Watermelon smilin' as it say, " I 's free ; "
Alligator boomin', but I let him be,
Florida, oh, Florida 's de lan' fu' me —
(Lizy Ann a-singin' sweet an' low).

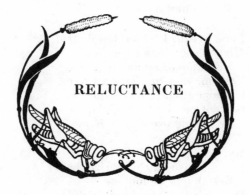

RELUCTANCE

WILL I have some mo' dat pie?
　　No, ma'am, thank-ee, dat is — I —
　Bettah quit daihin' me.
Dat ah pie look sutny good:
How'd you feel now ef I would?
I don' reckon dat I should;
　Bettah quit daihin' me.

Look hyeah, I gwine tell de truf,
Mine is sholy one sweet toof:
　Bettah quit daihin' me.
Yass'm, yass'm, dat's all right,
I's done tried to be perlite:
But dat pie's a lakly sight,
　Wha's de use o' daihin' me?

My, yo' lips is full an' red,
Don't I wish you'd tu'n yo' haid?
　Bettah quit daihin' me.
Dat ain't faih, now, honey chile,
I's gwine lose my sense erwhile
Ef you des set daih an' smile,
　Bettah quit daihin' me.

Nuffin' don' look ha'f so fine
Ez dem teef, deah, w'en dey shine:
　Bettah quit daihin' me.
Now look hyeah, I tells you dis;
I'll give up all othah bliss
Des to have one little kiss,
　Bettah quit daihin' me.

84

Laws, I teks yo' little han',
Ain't it tendah? bless de lan' —
   Bettah quit daihin' me.
I's so lonesome by myse'f,
'D ain't no fun in livin' lef';
Dis hyeah life's ez dull ez def:
   Bettah quit daihin' me.

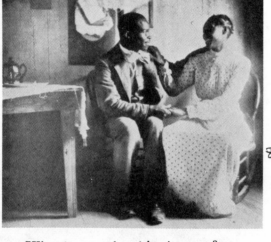

Why n't you tek yo' han' erway?
Yas, I'll hol' it: but I say
   Bettah quit daihin' me.
Holin' han's is sholy fine.
Seems lak dat's de weddin' sign.
Wish you'd say dat you'd be mine; —
   Dah you been daihin' me.

86

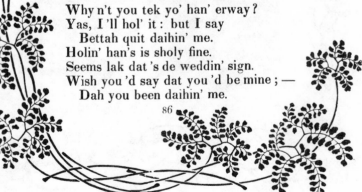

WHEN SAM'L SINGS

HYEAH dat singin' in de medders
    Whaih de folks is mekin' hay?
Wo'k is pretty middlin' heavy
    Fu' a man to be so gay.
You kin tell dey 's somep'n special
    F'om de canter o' de song ;
Somep'n sholy pleasin' Sam'l,
    W'en he singin' all day long.

Hyeahd him wa'blin' 'way dis mo'nin'
  'Fo' 't was light enough to see.
Seem lak music in de evenin'
  Allus good enough fu' me.
But dat man commenced to hollah
  'Fo' he 'd even washed his face;
Would you b'lieve, de scan'lous rascal
  Woke de birds erroun' de place?

Sam'l took a trip a-Sad'day;
  Dressed hisse'f in all he had,
Tuk a cane an' went a-strollin',
  Lookin' mighty pleased an' glad.
Some folks don' know whut de mattah,
  But I do, you bet yo' life;
Sam'l smilin' an' a-singin'
  'Case he been to see his wife.

She live on de fu' plantation,
  Twenty miles erway er so;
But huh man is mighty happy
  W'en he git de chanst to go.
Walkin' allus ain' de nices' —
  Mo'nin' fin's him on de way —
But he allus comes back smilin',
  Lak his pleasure was his pay.

90

Den he do a heap o' talkin',
  Do' he mos'ly kin' o' still,
But de wo'ds, dey gits to runnin'
  Lak de watah fu' a mill.
" Whut 's de use o' havin' trouble,
  Whut 's de use o' havin' strife? "
Dat 's de way dis Sam'l preaches
  W 'en he been to see his wife.

An' I reckon I git jealous,
  Fu' I laff an' joke an' sco'n,
An' I say, " Oh, go on, Sam'l,
  Des go on, an' blow yo' ho'n."
But I know dis comin' Sad'day,
  Dey 'll be brighter days in life ;
An' I 'll be ez glad ez Sam'l
  W 'en I go to see my wife.

EXPECTATION

YOU'LL be wonderin' whut's
    de reason
  I's a grinnin' all de time,
An' I guess you t'ink my sperits
  Mus' be feelin' mighty prime.
Well, I 'fess up, I is tickled
  As a puppy at his paws.
But you need n't think I's crazy,
  I ain' laffin' 'dout a cause.

You 's a wonderin' too, I reckon,
    Why I does n t seem to eat,
An' I notice you a-lookin'
    Lak you felt completely beat
When I 'fuse to tek de bacon,
    An' don' settle on de ham.
Don' you feel no feah erbout me,
    Jes' keep eatin', an' be ca'm.

Fu' I 's waitin' an' I 's watchin'
    'Bout a little t'ing I see —
D' othah night I 's out a-walkin'
    An' I passed a 'simmon tree.
Now I 's whettin' up my hongry,
    An' I 's laffin' fit to kill,
Fu' de fros' done turned de 'simmons,
    An' de possum 's eat his fill.

He done go'ged hisse'f owdacious,
    An' he stayin' by de tree!
Don' you know, ol' Mistah Possum
    Dat you gittin' fat fu' me?
'T ain't no use to try to 'spute it,
    'Case I knows you 's gittin' sweet
Wif dat 'simmon flavoh thoo you,
    So I 's waitin' fu' yo' meat.

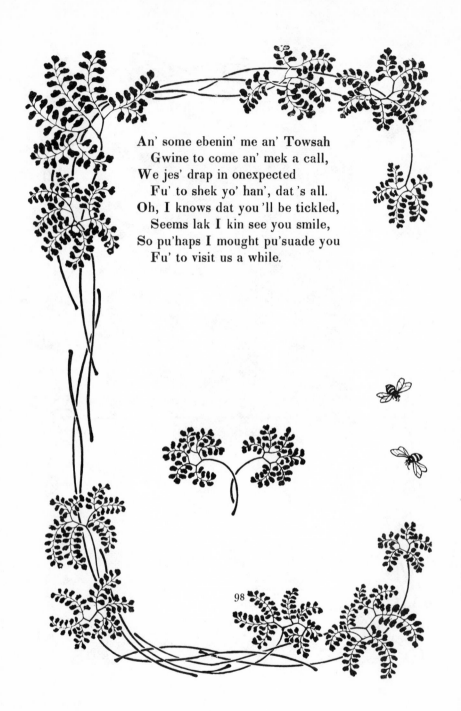

An' some ebenin' me an' Towsah
   Gwine to come an' mek a call,
We jes' drap in onexpected
   Fu' to shek yo' han', dat 's all.
Oh, I knows dat you 'll be tickled,
   Seems lak I kin see you smile,
So pu'haps I mought pu'suade you
   Fu' to visit us a while.

ON THE ROAD

I'S boun' to see my gal to-night —
  Oh, lone de way, my dearie!
De moon ain't out, de stars ain't bright —
  Oh, lone de way, my dearie!
Dis hoss o' mine is pow'ful slow,
But when I does git to yo' do'
Yo' kiss 'll pay me back, an' mo',
  Dough lone de way, my dearie.

100

De night is skeery-lak an' still —
　Oh, lone de way, my dearie!
'Cept fu' dat mou'nful whippo'will —
　Oh, lone de way, my dearie!

De way so long wif dis slow pace,
'T 'u'd seem to me lak savin' grace
Ef you was on a nearer place,
　Fu' lone de way, my dearie.

I hyeah de hootin' of de owl —
  Oh, lone de way, my dearie!
I wish dat watch-dog would n't howl —
  Oh, lone de way, my dearie!
An' evaht'ing, bofe right an' lef',
Seem p'int'ly lak hit put itse'f
In shape to skeer me half to def —
  Oh, lone de way, my dearie!

I whistles so 's I won't be feared —
  Oh, lone de way, my dearie!
But anyhow I 's kin' o' skeered,
  Fu' lone de way, my dearie.
De sky been lookin' mighty glum,
But you kin mek hit lighten some,
Ef you 'll jes' say you 's glad I come,
  Dough lone de way, my dearie.

LOVER'S LANE

SUMMAH night an' sighin' breeze,
　　'Long de lovah's lane;
Frien'ly, shadder-mekin' trees,
　　'Long de lovah's lane.
White folks' wo'k all done up gran' —
Me an' 'Mandy han'-in-han'
Struttin' lak we owned de lan',
　　'Long de lovah's lane.

106

Owl a-settin' 'side de road,
  'Long de lovah's lane,
Lookin' at us lak he knowed
  Dis uz lovah's lane.
Go on, hoot yo' mou'nful tune,
You ain' nevah loved in June,
An' come hidin' f'om de moon
  Down in lovah's lane.

Bush it ben' an' nod an' sway,
  Down in lovah's lane,
Try'n' to hyeah me whut I say
  'Long de lovah's lane.
But I whispahs low lak dis,
An' my 'Mandy smile huh bliss —
Mistah Bush he shek his fis',
  Down in lovah's lane.

Whut I keer ef day is long,
  Down in lovah's lane.
I kin allus sing a song
  'Long de lovah's lane.
An' de wo'ds I hyeah an' say
Meks up fu' de weary day
W'en I's strollin' by de way,
  Down in lovah's lane.

An' dis t'ought will allus rise
   Down in lovah's lane :
Wondah whethah in de skies
   Dey 's a lovah's lane.
Ef dey ain t, I tell you true,
'Ligion do look mighty blue,
'Cause I do' know whut I 'd do
   'Dout a lovah's lane.

THE PHOTOGRAPH

SEE dis pictyah in my han'?

   Dat's my gal;

Ain't she purty? goodness lan'!

  Huh name Sal.

Dat's de very way she be—

Kin' o' tickles me to see

Huh a-smilin' back at me.

110

She sont me dis photygraph
   Jes' las' week;
An' aldough hit made me laugh —
   My black cheek
Felt somethin' a-runnin' queer;
Bless yo' soul, it was a tear
Jes' f'om wishin' she was here.

Often when I 's all alone
   Layin' here,
I git t'inkin' 'bout my own
   Sallie dear;
How she say dat I 's huh beau,
An' hit tickles me to know
Dat de gal do love me so.

Some bright day I 's goin' back,
  Fo' de la !
An' ez sho' 's my face is black,
  Ax huh pa

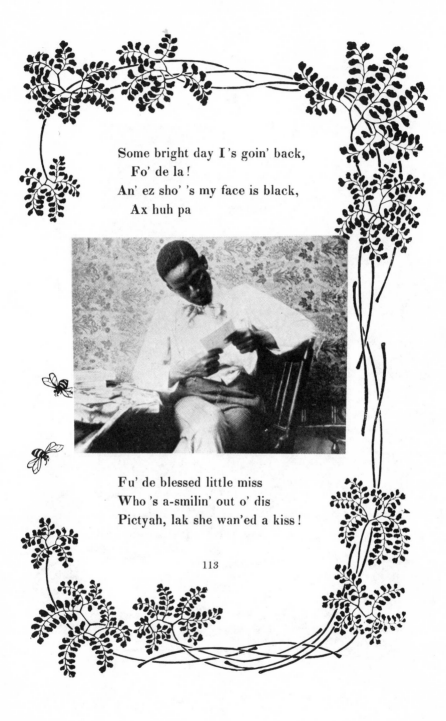

Fu' de blessed little miss
Who 's a-smilin' out o' dis
Pictyah, lak she wan'ed a kiss !

PARTED

DE breeze is blowin' 'cross de bay.
   My lady, my lady ;
De ship hit teks me far away,
   My lady, my lady.
Ole Mas' done sol' me down de stream ;
Dey tell me 't ain't so bad 's hit seem,
   My lady, my lady.

O' co'se I knows dat you 'll be true,
   My lady, my lady ;
But den I do' know whut to do,
   My lady, my lady.
I knowed some day we 'd have to pa't,
But den hit put' nigh breaks my hea't,
   My lady, my lady.

De day is long, de night is black,
   My lady, my lady ;
I know you 'll wait twell I come back,
   My lady, my lady.
I 'll stan' de ship, I 'll stan' de chain,
But I 'll come back, my darlin' Jane,
   My lady, my lady.

116

Jes' wait, jes' b'lieve in whut I say,
   My lady, my lady ;
D' ain't nothin' dat kin keep me 'way,
   My lady, my lady.

A man 's a man, an' love is love ;
God knows ouah hea'ts, my little dove ;
He 'll he'p us f'om his th'one above,
   My lady, my lady.

DELY

JES' lak toddy wahms you thoo'
    Sets yo' haid a reelin',
Meks you ovah good and new,
    Dat's de way I's feelin'.
Seems to me hit's summah time,
    Dough hit's wintah reely,
I's a feelin' jes' dat prime —
    An' huh name is Dely.

Dis hyeah love's a cu'rus thing,
    Changes 'roun' de season,
Meks you sad or meks you sing,
    'Dout no urfly reason.
Sometimes I go mopin' 'roun',
    Den agin I's leapin';
Sperits allus up an' down
    Even when I's sleepin'.

Fu' de dreams comes to me den,
    An' dey keeps me pitchin',
Lak de apple dumplin's w'en
    Bilin' in de kitchen.
Some one sot to do me hahm,
    Tryin' to ovahcome me,
Ketchin' Dely by de ahm
    So's to tek huh f'om me.

120

Mon, you bettah b'lieve I fights
    (Dough hit 's on'y seemin');
I 's a hittin' fu' my rights
    Even w'en I 's dreamin'.
But I 'd let you have 'em all,
    Give 'em to you freely,
Good an' bad ones, great an' small,
    So 's you leave me Dely.

Dely got dem meltin' eyes,
    Big an' black an' tendah.
Dely jes' a lady-size,
    Delikit an' slendah.
Dely brown ez brown kin be
    An' huh haih is curly;
Oh, she look so sweet to me, —
    Bless de precious girlie!

Dely brown ez brown kin be,
    She ain' no mullatter;
She pure cullud, — don' you see
    Dat 's jes' whut 's de mattah?
Dat 's de why I love huh so,
    D' ain't no mix about huh,
Soon 's you see huh face you know
    D' ain't no chanst to doubt huh.

Folks dey go to chu'ch an' pray
So's to git a blessin'.
Oomph, dey bettah come my way,
Dey could lu'n a lesson.

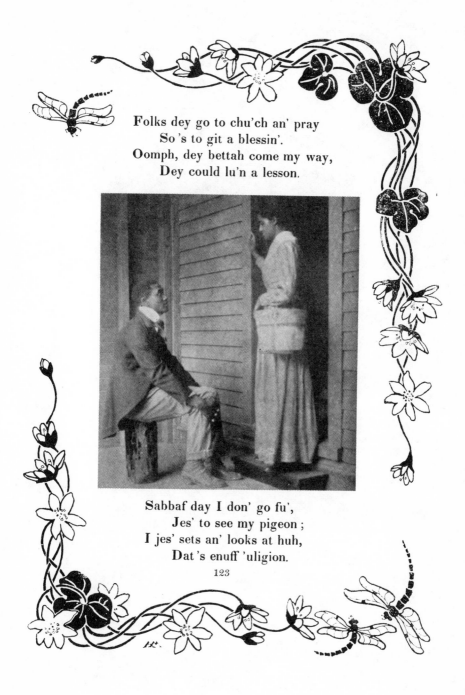

Sabbaf day I don' go fu',
Jes' to see my pigeon;
I jes' sets an' looks at huh,
Dat's enuff 'uligion.

12/96 6